de Bollenschilders

© 1994 Rebo Productions, Lisse

Tekst: Herman van Amsterdam
Redaktie: Textcase, Groningen
Vertaling   Frans: Anne Marie Chardon
                 Duits: Jan Polman
                 Engels: Caroline Visser
Vormgeving: Ton Wienbelt, Den Haag

ISBN 9036609488

de Bollenschilders

Herman van Amsterdam

REBO
PRODUCTIONS

Pal achter de stevige duinenrij die het lage land moet beschermen tegen de grillen van de Noordzee ligt de bollenstreek, een tot de verbeelding sprekend gedeelte van Holland. Een streek om in te lijsten als een schilderij, is een vaak gehoord compliment. Daar, op de gronden die eeuwen geleden op de zee zijn veroverd, staan elke lente vele miljoenen bolbloemen, zoals tulpen, hyacinten en narcissen in bloei. Een fascinerend schouwspel, dat al generaties lang talloze mensen naar deze streek doet trekken.

Onder die grote schare bevinden zich ook heel wat kunstschilders, van wie velen inspiratie hebben geput uit het in menig opzicht zeer opvallende kleurenspel dat de natuur daar in het voorjaar opvoert. Waar die inspiratie zoal toe heeft geleid, laten de afbeeldingen verderop in dit boek zien. De samenstellers zijn niet alleen op zoek gegaan naar schilderijen over de bollenstreek die in bezit zijn van particulieren en musea in Nederland; ook in het buitenland is speurwerk verricht. Zoals in Amerika, een nogal voor de hand liggend onderzoeksgebied. Immers, in de laatste decennia van de vorige eeuw maakten veel jonge Amerikaanse schilders de oversteek naar het vasteland van Europa. Onder hen waren Charles Paul Gruppe (1860-1940), Walter MacEwen (1860-1943), Robert Blum (1857-1913) en uiteraard George Hitchcock (1850-1913), die van alle Amerikaanse kunstschilders het actiefst is geweest in de bloembollenstreek en van wie in dit boek dan ook enkele schilderijen staan afgebeeld.

In augustus 1887 liet hij zich in het in Amerika verschijnende 'Scribers Magazine' in lyrische bewoordingen uit over "the picturesque quality of Holland". Hitchcock was onder de indruk geraakt van "the sea and its chiefest charm, the atmosphere". "Holland", schreef hij, "is the most harmonious of all countries, zowel in de zon als in de schaduw. Het is er vaak uiterst helder, zo zonneschijn helderheid is.

De schaduwen zijn nooit de grove,

Juste derrière le solide cordon de dunes, qui doit protéger le bas pays contre les caprices de la mer du Nord, se situe la zone de culture des fleurs à bulbe, une partie de la Hollande qui frappe l'imagination.
Une région digne d'être encadrée comme un tableau est un compliment souvent entendu. C'est là, sur des terres qui ont été conquises sur la mer il y a des siècles, que fleurissent chaque année au printemps des millions et des millions de fleurs de plantes bulbeuses, telles que les tulipes, les jacinthes et les narcisses. Un spectacle fascinant qui fait affluer des foules entières depuis des générations. Parmi elles un grand nombre de peintres dont beaucoup ont trouvé de l'inspiration dans le jeu de couleurs, absolument remarquable à bien des points de vue, que la nature donne en spectacle au printemps. Les reproductions présentées plus loin dans cet ouvrage montre à quoi cette inspiration a bien pu mener. Les rédacteurs sont non seulement partis à la recherche de tableaux sur la région des champs de fleurs issus de collections privées et de musées néerlandais, mais ils ont également entrepris des recherches à l'étranger, comme aux Etats-Unis, un domaine de recherches assez évident. Car beaucoup de jeunes peintres américains ont fait la traversée pour rejoindre le continent européen, dans les dernières décennies du siècle précédent.
Parmi eux se trouvèrent Charles Paul Gruppe (1860-1940), Walter MacEwen (1860-1943), Robert Blum (1857-1913) et évidemment George Hitchcock (1850-1913), le plus actif de tous les peintres américains dans la région des champs de fleurs et dont quelques tableaux sont présentés dans ce livre.
En août 1887, il parla, dans le Scribers Magazine paraissant aux Etats-Unis, en termes passionnés du "picturesque quality of Holland" (caractère pittoresque de la Hollande)."The sea and its chiefst charm, the atmosphere" (la mer et son charme principal, l'atmosphère) impressionnaient Hitchcock.

Genau hinter den festen Dünen, die die Niederungen gegen die Launen der Nordsee schützen sollen, befindet sich die "Bollenstreek", ein Teil der Niederlande, der die Phantasie stark anregt. Ein oft gehörtes Kompliment ist, daß man diese Gegend wie ein Gemälde einrahmen sollte. Dort, auf Böden die schon vor vielen Jahrhunderten dem Meer abgetrotzt wurden, blühen jedes Frühjahr von neuem Millionen von Zwiebelblumen wie Tulpen, Hyazinthen und Narzissen.
Ein fesselndes Schauspiel, das schon viele Generationen lang zahllose Leute in diese Gegend lockt.
Unter dieser großen Menge befinden sich auch viele Kunstmaler, die durch die in mancher Hinsicht sehr auffallende Farbenpracht inspiriert wurden, die die Natur da im Frühjahr entfaltet. Wozu diese Inspiration geführt hat, werden die Abbildungen in diesem Buch zeigen. Die Herausgeber haben sich nicht nur auf die Suche nach Gemälden von der "Bollenstreek" gemacht, die sich im Privatbesitz oder in Museen in den Niederlanden befinden, sondern es wurde auch im Ausland gesucht. Wie etwa in Amerika, wo man logischerweise auch gesucht hat. Viele junge amerikanische Maler haben ja in den letzten Jahrzehnten des vorigen Jahrhunderts die Überfahrt zum europäischen Festland gemacht.
Unter ihnen befanden sich Charles Paul Gruppe (1860 - 1940), Walter MacEwen (1860 - 1943), Robert Blum (1857 - 1913) und natürlich George Hitchcock (1850 - 1913), der sich von allen amerikanischen Malern am meisten mit der "Bollenstreek" beschäftigt hat und von dem denn auch in diesem Buch einige Gemälde abgebildet wurden.
Im August 1887 äußerte er sich im in Amerika erscheinenden "Scribers Magazine" in lyrischen Worten über "the picturesque quality of Holland". Hitchcock war beeindruckt von "the sea and its chiefest charm, the atmosphere". "Holland", schrieb er "is the most harmonious of all countries", sowohl in der Sonne als

Directly behind a strong row of dunes that protects the low-lying land from the whims of the North Sea lies the Bollenstreek, a part of Holland that quickens the imagination. 'A region to be framed like a painting', is a compliment that is often heard. There, each spring, on lands that were reclaimed from the sea centuries ago, stand many millions of bulbous flowers, such as blooming tulips, hyacinths and narcissi. A fascinating spectacle that has caused countless people to come to this region for many generations. Among that multitude there are also quite a lot of artists, of whom many have been inspired by the play of colours that nature stages there in spring which is eye-catching in many respects. Some of the consequences of this inspiration are shown by the illustrations further on in this book. Its compilers have not only looked for pictures of the Bollenstreek that are owned by individuals and museums in Holland, but detective work was also performed abroad. For instance in America, a rather obvious research area. After all, many young American artists crossed the ocean to the mainland of Europe in the last few decades of the past century.
Among them were Charles Paul Gruppe (1860-1940), Walter Mac Ewen (1860-1943), Robert Blum (1857-1913) and of course, George Hitchcock (1850-1913), who, of all American artists, was the most active in the bulb region and of whom, not surprisingly, several pictures are depicted in this book.
In August 1887, he expressed himself in lyrical phrases about "the picturesque quality of Holland" in Scribers Magazine that is published in America. Hitchcock was impressed by 'the sea and its chiefest charm, the atmosphere'. 'Holland', he wrote, 'is the most harmonious of all countries', both in sunlight and in shadow. It is often extremely clear there, if clarity be sunshine. The shadows are never the coarse violet patches of the southern sun, the blue of the sky never is like

violette plekken van de zuidelijke zon, nooit is het blauw van de luchten als metaal. De helderheid is altijd diffuus, ook in de schaduw. En hoe scherp de zon ook is, de toon is altijd fijn."

In Egmond aan Zee, een vissersdorpje aan de Noordzeekust, had George Hitchcock een studio, die hij deelde met landgenoot en collega Gari Melchers.

Zodra de lente de eerste stappen had gezet, was het vaste prik dat Hitchcock er vanuit zijn tijdelijke woonplaats op uittrok om zich te laven aan de uitbundig gekleurde bollenvelden. Hitchcock was duidelijk geïnspireerd door Hollandse kunstschilders van de zogenaamde Haagse school, die tussen 1870 en 1900 van zich deden spreken en die qua stijl worden vergeleken met de Franse impressionisten, onder wie Claude Monet en Pierre-Auguste Renoir.

De impressionisten gaven op hun doeken als het ware de voorkeur aan de illusie boven de werkelijkheid. Een van de kenmerken van hun manier van schilderen was het gebruik van grove penseelstreken, een techniek die nogal afweek van de geijkte technieken zoals men zich tijdens de studie op de academie had aangeleerd. Hitchcock had de bijnaam 'the painter of the light'.

Zijn werk kenmerkt zich door een uitbundig kleurgebruik, wat in zijn bollenstreek-schilderijen ook duidelijk tot uiting komt. Hij hield ervan boerinnen die in klederdracht gestoken waren te schilderen temidden van in volle bloei staande velden.

Iedere kunstenaar keek weer op zijn eigen manier tegen die overdadig gekleurde velden aan. Zo ook de Franse impressionist Monet, die een veel kortere periode dan Hitchcock in de bloembollenstreek creatief bezig was; twaalf dagen om precies te zijn. Maar hij maakte er wel een zeer produktief verblijf van, want toen hij weer per trein naar Frankrijk afreisde, had hij vijf (nog natte) schilderijen van de bollenvelden bij zich.

Dat Monet op 27 april 1886 naar

"Holland", écrivit-il, "is the most harmonious of all countries" (la Hollande est le plus harmonieux pays de tous), au soleil comme à l'ombre. Il y fait souvent un temps extrêmement clair, si la lumière de soleil est clarté. Les ombres ne sont jamais les lourdes taches violettes du soleil du Midi, le bleu des ciels n'a jamais le reflet du métal. La lumière est toujours diffuse même dans l'ombre. Et le ton est toujours subtil quelle que soit l'ardeur du soleil".

A Egmond aan Zee, petit village de pêche sur la mer du Nord, George Hitchcock avait un studio qu'il partageait avec son compatriote et collègue Gari Melchers. Dès que le printemps faisait son apparition, Hitchcock quittait sans manquer son domicile provisoire pour s'imprégner des champs de fleurs aux couleurs exubérantes.

Hitchcock a manifestement été inspiré par les peintres hollandais de l'école de La Haye qui fit parler d'elle entre 1870 et 1900. Leurs membres furent, du point de vue style, comparés avec les impressionnistes français, dont Claude Monet et Auguste Renoir.

Sur leurs toiles, les impressionnistes préféraient pour ainsi dire l'illusion à la réalité. L'une des caractéristiques de leur façon de peindre était la fluidité des / touches (loose brushwork), une technique qui différait assez des techniques conventionnelles telles qu'elles étaient apprises à l'Ecole des Beaux-Arts. Hitchcock était surnommé "the painter of the light" (le peintre de la lumière). Son oeuvre se caractérise par une profusion de couleurs, comme le montrent bien ses tableaux de la région des bulbes.

Il aimait peindre des paysannes en costumes traditionnels, au milieu des champs en pleine floraison. Chaque artiste voit d'un autre oeil cette orgie de couleurs des champs de fleurs. Comme Monet qui fit un séjour plus court que Hitchcock dans la région des fleurs - douze jours pour être précis - mais non moins productif; en effet, il retourna en France par le train en empor-

auch im Schatten. Da ist der Himmel oft sehr heiter, wenn Sonnenschein überhaupt Heiterkeit bedeuten kann. Die Schatten sind nie die groben, violetten Flecken der südlichen Sonne, nie ist das Blau des Himmels wie Metall. Die Klarheit ist immer diffus, auch im Schatten. Und wie scharf die Sonne auch ist, der Ton ist immer zart."

In Egmond aan Zee, einem Fischerdorf an der Nordseeküste, hatte George Hitckcock ein Atelier, das er sich mit seinem Landsmann und Malerkollegen Gari Melchers teilte. Sobald das Frühjahr seine ersten Schritte gemacht hatte, zog Hitchcock von seinem vorübergehenden Aufenthaltsort aus los, um sich an den üppigen farbenfrohen Feldern mit Blumenzwiebeln zu laben. Es ist klar, daß Hitchcock von den niederländischen Malern der sogenannten "Haagse School" inspiriert wurde, die zwischen 1870 und 1900 von sich reden machten und die sich stilmäßig mit den französischen Impressionisten, darunter Claude Monet und Pierre Auguste Renoir, vergleichen lassen.

Die Impressionisten bevorzugten auf ihren Bildern gleichsam die Illusion vor der Wirklichkeit. Eines der Merkmale ihrer Maltechnik war die Anwendung von groben Pinselstrichen (loose brushwork), einer Technik, die sich ziemlich stark von den bewährten Techniken unterschied, die man beim Studium auf der Kunstakademie gelernt hatte. Hitchcock hatte den Ehrennamen "the painter of the light". Seine Gemälde werden durch eine üppige Anwendung von Farben gekennzeichnet, was man auf seinen Bildern der "Bollenstreek" auch gut erkennen kann. Er liebte es, die Bäuerinnen in ihren Trachten inmitten der voll blühenden Felder zu malen.

Jeder Künstler betrachtete die Felder mit ihren bunten Farben auf seine eigene Art und Weise. Wie etwa der französische Impressionist Monet, der eine viel kürzere Periode als Hitchcock in der "Bollenstreek"

metal. The clarity is always diffuse, also in shadow. And however bright the sun is, the tone is forever fine'. George Hitchcock had a studio in Egmond aan Zee, a fishing village on the North Seacoast, that he shared with his fellow-countryman and colleague Gari Melchers.

As soon as spring pronounced itself, it was usual for Hitchcock to leave his temporary haunt and to go out and refresh himself at the vividly coloured bulb fields. Hitchcock was clearly inspired by Dutch artists of the so-called Haagse School (school of The Hague), who manifested themselves between 1870 and 1900 and who, as regards style, are compared to the French impressionists, among whom Claude Monet and Pierre Auguste Renoir.

In their paintings, the impressionists preferred, as it were, illusion above reality. One of the characteristics of their way of painting was the use of rough strokes of the brush (loose brushwork), a technique that deviated rather much from the customary techniques such as they were learnt during the study at the academy. Hitchcock was nicknamed "the painter of the light". His painting was characterized by a lavish use of colours, which is clearly expressed in his paintings of the bulb region. He liked painting country women in traditional costumes in the midst of blooming bulb fields.

Each artist had his own way of looking at those profusely coloured field. Also the French impressionist Monet, who was creative in the bulb area for a much shorter period than Hitchcock; twelve days, to be precise. But he made his stay count, for when he went back to France by train, he brought five (still wet) paintings along, each depicting the bulb fields.

For that matter, Claude Monet's trip to Holland on 27 April 1886 was not his own initiative. He was invited by baron l'Estourel de Constant, embassy secretary with the French delegation in The Hague. The two had never met each other. However, the high-placed official was an admi-

Holland reisde, was overigens niet op eigen initiatief. Hij ging op uitnodiging van baron l'Estournel de Constant, ambassade-secretaris bij de Franse delegatie in Den Haag. De twee waren volstrekt onbekenden voor elkaar. De hoge ambtenaar was wel een bewonderaar van Monets werk en hij drong er bij de schilder op aan dat zij samen een bezoekje aan de bollenvelden zouden brengen.

Raakte Monet onder de indruk van wat hij zag? Hij vond de bollenvelden in elk geval prachtig, schreef hij een vriend, maar ook geweldig moeilijk om te schilderen, omdat de velden afgebakende kleurvlakken vormen die heel moeilijk harmonieus zijn weer te geven.

Maar het meesterschap van Monet verloochende zich niet en het resultaat was een kleine serie prachtige schilderijen, waarvan er twee in Amerikaans bezit zijn, twee in Frankrijk hangen en nummer vijf aan een Nederlands museum toebehoort.

Monet, die gewoonlijk onder een witte parasol werkte, had geluk dat het weer mee zat. Het Hollandse klimaat is nogal grillig. In de bloeitijd van tulpen, narcissen en hyacinten kunnen schitterende, zonnige dagen zich afwisselen met guur weer, tot aan sneeuw- en hagelbuien toe.

Maar Monet trof een periode van twaalf dagen van hetzelfde weertype; weinig wind, bewolkt met af en toe een zonnetje.

Veel kunstenaars van wie in dit boek één of meerdere werkstukken staan afgebeeld, hebben zich slechts incidenteel met de bollenstreek bezig gehouden.

Dat geldt zeker voor Vincent van Gogh (1853-1890), die gedurende zijn leven bijna 2100 tekeningen, schetsen en schilderijen maakte maar die slechts één keer, in 1883, de bollenvelden op doek zette, temidden van somber ogende woninkjes. Uiteraard ontbreekt dat schilderij niet in dit boek, waarin ook andere knappe staaltjes van sfeervolle landschapschilderingen zijn te zien, onder meer van Ferdi-

tant cinq toiles (dont la peinture était encore fraîche), avec sur chacune d'elles les champs de fleurs. Monet ne se rendit d'ailleurs pas de sa propre initiative en Hollande le 27 avril 1886 mais sur l'invitation du baron l'Estournel de Constant, secrétaire d'ambassade auprès de la délégation française à La Haye. Les deux ne se connaissaient pas du tout.

Toutefois admirateur de l'oeuvre de Monet, le haut fonctionnaire insista auprès du peintre pour visiter ensemble les champs de fleurs. Monet fut-il impressionné par ce qui s'offrait à sa vue? Il trouva en tout cas les champs de fleurs magnifiques, comme il l'écrivit à un ami, mais également extrêmement difficiles à peindre, les taches de couleur délimitées qu'ils constituent se laissant mal reproduire de façon harmonieuse.

Mais la maîtrise de Monet ne tarda pas à se trahir ce qui résulta en une petite série de magnifiques tableaux, dont deux sont en mains américaines, deux se trouvent en France alors que le cinquième appartient à un musée néerlandais.

Monet qui avait l'habitude de travailler sous un parasol blanc eut la chance de trouver un temps favorable, le climat hollandais étant plutôt capricieux. Pendant la floraison des tulipes, narcisses et jacinthes, de belles journées ensoleillées peuvent alterner avec des journées âpres, accompagnées même de rafales de neige et de grêle. Mais Monet eut le même type de temps pendant douze jours: peu de vent, des nuages avec un peu de soleil de temps en temps. Beaucoup d'artistes, dont une ou plusieurs oeuvres figurent dans ce livre, n'ont peint qu'incidentellement la région des champs de fleurs. Ceci vaut certainement pour Vincent van Gogh (1853-1890), dont l'oeuvre compte presque 2100 dessins, esquisses et toiles, mais qui ne peignit qu'une seule fois les champs de fleurs parmi des habitations d'aspect plutôt sinistre, à savoir en 1883. Ce tableau ne manque évidemment pas dans ce livre où l'on trouvera

künstlerisch tätig war; es waren genau zwölf Tage. Aber er machte daraus schon einen sehr produktiven Aufenthalt, denn als er wieder mit der Bahn nach Frankreich abfuhr, hatte er fünf (noch feuchte) Gemälde dabei, jedes zeigte die Felder der Blumenzwiebeln.

Daß Monet am 27. April 1886 nach Holland reiste, war übrigens nicht seine eigene Initiative. Er fuhr auf Einladung von Baron l'Estournel de Constant, dem Sekretär der französischen Botschaft in Den Haag. Die zwei kannten sich überhaupt nicht. Der hohe Beamte war schon ein Bewunderer von Monets Werk und er legte es dem Maler nahe, zusammen die Felder mit Blumenzwiebeln zu besuchen. War Monet beeindruckt von dem, was er sah? Er finde die Felder auf jeden Fall fantastisch, schrieb er einem Freund, aber es sei auch sehr schwer, sie zu malen, weil die Felder genau umrissene Farbflächen bildeten, die sich nur schwer harmonisch darstellen ließen.

Aber die Meisterschaft Monets verleugnete sich nicht und das Resultat ware eine kleine Serie herrlicher Gemälde, von denen zwei sich in amerikanischem Besitztum befinden, zwei in Frankreich sind und das fünfte einem niederländischen Museum gehört.

Monet, der die Gewohnheit hatte, seine künstlerische Arbeit unter einem weißen Sonnenschirm zu verrichten, hatte das Glück, daß das Wetter günstig war. Das niederländische Klima ist ziemlich launenhaft. Während der Blüte der Tulpen, Narzissen und Hyazinthen wechseln sich manchmal herrliche, sonnige Tage mit unfreundlichem Wetter ab, bis hin zu Schneefällen und Hagelschauern. Aber Monet traf eine Periode von zwölf Tagen des gleichen Wettertyps: wenig Wind, bewölkt und ab und zu die Sonne. Viele Künstler, von denen in diesem Buch ein oder mehrere Gemälde abgebildet wurden, haben sich nur gelegentlich mit der "Bollenstreek" befaßt.

Das gilt bestimmt auch für Vincent

rer of Monet's work and he insisted that they visit the bulb fields together.

Was Monet impressed by what he saw? In any case, he found the bulb fields magnificent, as he wrote to a friend, but also extremely difficult to paint because the fields form those demarcated areas of colour that are very difficult to reproduce harmoniously.

But the mastery of Monet did show, and the result was a small series of splendid paintings, of which two are in American possession, two hang in France, and number five belongs to a Dutch museum.

Monet, who was used to work creatively under a white parasol, was lucky that the weather was favourable. The Dutch climate is rather fickle. During the bloom of the tulips, narcissi and hyacinths, bright sunny days may be succeeded by bleak weather with even snow and hail. But Monet met with a period of twelve days of the same weather; hardly any wind, clouded and sometimes sunshine. Many artists of whom one or more works are shown in this book have only incidentally occupied themselves with the Bollenstreek.

This certainly applies to Vincent van Gogh (1853-1890) who made almost 2,100 drawings, sketches and paintings during his life, but who only once, in 1883, painted the bulb fields in the midst of gloomy-looking cottages. Of course this painting is part of this book, in which other masterly examples of attractive landscape paintings can be seen as well, such as those of Ferdinand Hart Nibbrig (1866-1915) and Gerrit Willem Dijsselhof (1860-1924), of whom the latter enjoys international fame owing to his paintings of fish bowls and aquariums.

Dijsselhof was born in the Bollenstreek, but limited himself to only a few paintings of this region, thereby accentuating the familiar theory that people are often blind to the beauty of the region in which they live.

In spring, the bulb fields cover the

nand Hart Nibbrig (1866-1915) en Gerrit Willem Dijsselhof (1860-1924), van wie de laatste internationale bekendheid geniet vanwege zijn schilderijen van viskommen en aquaria.

Dijsselhof werd in de bollenstreek geboren, maar beperkte zich tot slechts enkele schilderijen van dit gebied, daarmee nog eens de veel verkondigde theorie onderstrepend dat mensen vaak blind zijn voor de schoonheid van de streek waarin ze wonen.

In de lente bedekken de bloembollenvelden in strakke banen het vlakke landschap achter de duinen, en kunstenaars hebben daar zo hun eigen interpretatie aan gegeven.

Anton Koster (1869-1931), het produktiefst als het om schilderijen van de bollenstreek gaat, heeft in sommige van zijn werken de velden weergegeven zoals ze in werkelijkheid zijn (strak en in heldere kleurbanen) en andere keren gekozen voor een veel speelsere uitbeelding van al dat uitbundige gebloei.

Monet keek weer op een heel andere manier naar het landschap, zoals te zien is op schilderij nummer 53. De velden zijn in een dikke pasteuze verflaag op het doek uitgebeeld en ademen op een schitterende manier hun zo karakteristieke licht- en kleurkracht uit. Monet spot op dit schilderij ook met de wetten van het atmosferisch perspectief door niet, zoals gebruikelijk, de kleurintensiteit aan de horizon te laten afnemen. Nee, de velden in de verte, vlak onder de duinen, zijn nog even helder van kleur als die op de voorgrond. Een meesterwerk, dit schilderij, en dat geldt ook voor de manier waarop Jan Toorop (1858-1928) de bollenstreek in beeld bracht. Hij koos voor de pointillistische benadering, een manier van schilderen waarbij de kleuren in kleine vlekjes op de ondergrond worden aangebracht en de verfstippen niet in elkaar over lopen, maar toch een samenhangend geheel vormen.

Verschillende technieken zijn in dit boek bijeengebracht. De nadruk ligt

également de beaux exemples de paysages pittoresques, comme ceux de la main de Ferdinand Hart Nibbrig (1866-1915) et de Gerrit Willem Dijsselhof (1860-1924) qui jouit d'une réputation internationale grâce à ses toiles représentant des bocaux à poissons et des aquariums.

Dijsselhof est né dans le pays de la bulbe à fleurs mais se limita à quelques tableaux de cette région, ce qui souligne encore une fois la véracité de la théorie très répandue qui dit qu'on est souvent aveugle à la beauté de sa propre région.

Au printemps, les champs de fleurs aux parterres géométriques recouvrent la plaine derrière les dunes et que chacun des artistes a interprété à sa manière. Anton Koster (1869-1931), le plus productif en ce qui concerne les tableaux ayant pour sujet la région des bulbes à fleurs, a représenté, dans un certain nombre de ses oeuvres, les champs de façon réaliste (des languettes de couleurs vives, comme tracées à la règle) et opté dans d'autres pour une évocation beaucoup plus fantaisiste de cette floraison si exubérante.

Monet voyait le paysage d'une tout autre oeil comme en témoigne le tableau 53. Les champs sont rendus au moyen d'une épaisse couche de peinture pâteuse et respirent merveilleusement toute leur lumière et leur couleur qui en font la force, si caractéristique. Monet se moque des lois de la perspective atmosphérique en se gardant de diminuer l'intensité de la couleur à l'horizon comme il était d'usage. Non, les champs au loin, juste au pied des dunes, sont de la même couleur vive que ceux au premier plan. Un véritable chef d'oeuvre que ce tableau. Ceci vaut également pour la façon dont Jan Toorop (1858-1928) a peint la région des champs de fleurs.

Il opta pour l'approche pointilliste, procédé de peinture qui consiste à appliquer les couleurs par petites touches sur le fond sans que les points se mélangent, le tout formant un ensemble cohérent.

Cet ouvrage regroupe différentes techniques. L'accent porte sur les

van Gogh (1853 - 1890), der in seinem Leben fast 2100 Zeichnungen, Skizzen und Gemälde machte, aber nur einmal, im Jahre 1883, die Felder der Blumenzwiebeln malte, inmitten einiger düster aussehender Wohnungen. Selbstverständlich fehlt das Gemälde nicht in diesem Buch, in dem es auch noch andere große Leistungen von stimmungsvoller Landschaftsmalerei gibt, wie von Ferdinand Hart Nibbrig (1886 - 1915) und Gerrit Willem Dijsselhof (1860 - 1924), der international bekannt ist für seine Gemälde mit Fischgläsern und Aquarien.

Dijsselhof wurde in der "Bollenstreek" geboren, aber er hat sich auf nur wenige Gemälde dieses Gebietes beschränkt, womit sich die viel gehörte Theorie zu bestätigen scheint, daß der Mensch oft keinen Blick für die Schönheit der eigenen Wohngegend hat.

Im Frühjahr bedecken die Felder mit Blumenzwiebeln in strengen Reihen die flache Landschaft hinter den Dünen und Künstler haben das so auf ihre eigene Weise interpretiert. Anton Koster (1869 - 1931), der produktivste Maler von Gemälden der "Bollenstreek", hat auf manchen seiner Bilder die Felder dargestellt, wie sie in Wirklichkeit sind, (streng und in heiteren Farbstreifen), ein andermal hat er eine weit spielerischere Darstellung jener üppigen Blüten bevorzugt.

Monet betrachtete die Landschaft wieder auf eine ganz andere Weise, wie auf dem Gemälde Nummer 53 zu erkennen ist.

Die Felder wurden in einer dicken pastosen Farbschicht auf der Leinwand dargestellt und zeigen auf herrliche Weise ihre so charakteristische Licht- und Farbstärke.

Monet umgeht auf diesem Gemälde auch die Gesetze der atmosphärischen Perspektive, indem er die Farbintensität am Horizont nicht abnehmen läßt, was üblich gewesen wäre.

Nein, die Felder in der Ferne, genau vor den Dünen, sind farblich genauso hell wie jene im Vordergrund.

Dieses Gemälde ist ein Meisterwerk,

flat landscape behind the dunes in serried rows, and artists have given it their own interpretation. Anton Koster (1869-1928), the most productive painter with respect to the Bollenstreek, has depicted the fields as they really are in some of his paintings (taut and in bright rows of colours) and has sometimes chosen a much more fanciful portrayal of all that vivid blooming.

Monet had a totally different way of looking at the landscape, which can be seen in painting number 53. On canvas, the fields are represented in a thick pastiche layer of paint, and in this manner, they magnificently exude their characteristic strength of light and colour. On this painting, Monet also defies the laws of atmospheric perspective by not, as is usual, letting the intensity of colour decrease towards the horizon. No, the distant fields, directly under the dunes, are still just as brightly coloured as those in the foreground. A masterwork, this painting, and that also applies to the manner in which Jan Toorop (1858-1928) portrayed the Bollenstreek.

He chose the pointillistic approach, a way of painting in which the colours are applied in small spots on the basis and the paint spots do not merge but still form a coherent whole.

In this book, several techniques have been brought together.

The emphasis is on oil paintings but there are also some depictions in distemper, water colours mixed with albumen, gum and glue.

The artist who uses this technique, Marjolijn Juray, is becoming famous far beyond the borders with her speciality; the tulip in the landscape.

Johan Jeuken (1909-1982) belongs to a movement in the art of painting that has only become recognized in the past few decades; primitive art. These painters do not aspire to portray a subject as much true-to-nature as possible, but launch into the spontaneity of painting, in which the use of primary colours and surprising combinations thereof is the first matter of importance. The primitive

op olieverfschilderijen, maar daarnaast vindt u bijvoorbeeld ook enkele voorstellingen in tempera, waterverf vermengd met eiwit, gom en lijm. De kunstenares die hiermee werkt, Marjolijn Juray, maakt tot ver over de grenzen naam met een specialisme van haar; de tulp in het landschap.

Johan Jeuken (1909-1982) wordt gerekend tot een stroming in de schilderkust die pas de laatste decennia erkenning geniet: de naïeven. Deze schilders zijn er niet op uit een onderwerp zo natuurgetrouw mogelijk op het doek te krijgen, maar werpen zich meer op de spontaniteit van het schilderen, waarbij het gebruik van primaire kleuren en verassende combinaties daarvan voorop staat. De naïeve schilder beschikt over een natuurlijke onbevangenheid en voelt zich niet geremd door een academische of soortgelijke opleiding in schildertechnieken. Toepassing van bijvoorbeeld perspectief en kleurleer vindt deze categorie van schilders van ondergeschikt belang.

In de lente trekken miljoenen mensen naar de bollenstreek om daar met eigen ogen het kleurrijke sprookje te aanschouwen. Toch is er van die enorme drukte op de werken die in dit boek staan afgebeeld, weinig of niets terug te vinden. Wat dat betreft hebben de schilders van de bollenstreek gemeen met veel landschapschilders dat zij een voorkeur hebben voor rustige plekjes waar het goed en ongestoord werken is. En ook in de bollenstreek zijn die nog volop te vinden.

Geniet van wat alle inspiratie opleverde: stuk voor stuk werkstukken om in te lijsten.

peintures à l'huile, mais vous trouverez par exemple aussi quelques détrempes (peinture à l'eau mélangée à du blanc d'oeuf, de la gomme et de la colle). L'artiste qui travaille selon ce procédé, Marjolijn Juray, s'est fait un nom bien au-delà des frontières avec sa spécialité: la tulipe dans le paysage.

Johan Keuken (1909-1982) se rattache à un courant dans la peinture reconnu seulement les dernières décennies: les naïfs. Ces peintres ne visent pas une reproduction d'un sujet aussi fidèle que possible mais optent plutôt pour une peinture spontanée où prédominent l'utilisation de couleurs primaires et leur mariage inattendu. D'une ingénuité innée, le peintre naïf ne se sent nullement gêné par une formation académique ou autre en matière de techniques de peinture. Cette catégorie de peintres estiment que l'utilisation de la perspective et de la théorie de la formation des couleurs par exemple ne sont que d'un intérêt secondaire.

Au printemps des millions de gens affluent vers la région des champs de fleurs pour y voir de leurs propres yeux ce conte de fées riche en couleurs. Pourtant on ne retrouvera que peu ou même rien de cette foule immense telle qu'on la voit sur les oeuvres représentées dans cet ouvrage. A cet égard, les peintres de la région des bulbes ont en commun, avec de nombreux paysagistes, la prédilection pour des coins tranquilles où il fait bon travailler sans être dérangé. Ces coins-là, on les trouve encore à volonté dans la zone de culture des fleurs à bulbe.

Profitez de toutes ces oeuvres toutes dignes d'être encadrées.

und das gilt auch für die Art und Weise, wie Jan Toorop (1858 - 1928) die "Bollenstreek" dargestellt hat. Er ging vom Pointillismus aus, einer Maltechnik, wobei die Farben in kleinen Tupfen auf den Untergrund aufgebracht werden, und diese Farbtupfen nicht ineinander übergehen, aber doch ein zusammenhängendes Ganzes bilden. Verschiedene Techniken werden in diesem Buch vorgestellt. Den Hauptteil bilden die Ölgemälde, aber auch finden Sie einige Abbildungen in Tempera, einer Emulsion aus Wasserfarbe, Eiweiß, Gummi-arabikum und Leim. Die Künstlerin, die damit arbeitet, Marjolijn Juray, hat sich bis weit über die Grenzen hinaus mit ihrem Spezialgebiet einen Namen gemacht: der Tulpe in der Landschaft.

Johan Jeuken (1909 - 1982) wird zu einer Strömung der Malerei gezählt, die erst in den letzten Jahrzehnten Anerkennung fand: den Naiven. Diese Maler streben nicht danach, ein Objekt möglichst naturgetreu darzustellen, sondern sie gehen von einer gewissen Spontaneität beim Malen aus, wobei die Anwendung von Primärfarben und deren überraschenden Kombinationen im Vordergrund steht. Der naive Maler hat eine natürliche Unbefangenheit und erfährt keine Hemmungen durch eine akademische oder ähnliche Ausbildung für Maltechnik. Anwendung von etwa Perspektive und Farblehre hält diese Gruppe von Malern für weniger wichtig.

Im Frühjahr ziehen Millionen von Besuchern zur "Bollenstreek" um das farbenfrohe Märchen mit eigenen Augen zu erleben. Trotzdem wird man diese Hektik auf den in diesem Buch abgebildeten Werken kaum oder überhaupt nicht zurückfinden. Was das angeht, sind die Maler der "Bollenstreek" genau wie andere Landschaftsmaler, die ruhige Stellen bevorzugen, wo man bequem und ungestört arbeiten kann. Und auch die gibt es in der "Bollenstreek" immer noch in Hülle und Fülle. Genießen Sie alles, wozu diese Inspiration geführt hat: jedes Gemälde ist es wert, eingerahmt zu werden.

artist has a natural lack of inhibition and does not feel fettered by an academic education or some other education in painting techniques. For instance, the application of perspective and chromatics is deemed to be of marginal importance by this category of painters.

In spring, millions travel to the Bollenstreek to see the colourful fairy tale there with their own eyes. Still, hardly anything of that enormous activity is noticeable in the works that are shown in this book. With regard to that, the painters of the Bollenstreek have much in common with many landscape painters, they prefer quiet spots where one can work well and be undisturbed. And even in the Bollenstreek, many of these spots can still be found. Enjoy what all that inspiration produced: every one of them works to be framed.

1 Claude Monet (1840-1926)

Tulpenvelden in Holland
Olieverf op linnen, 54 x 81 cm
Museé Marmottan, Parijs

Champs de tulipes en Hollande
Peinture à l'huile sur toile, 54 x 81 cm
Musée Marmottan, Paris

Tulpenfelder in Holland
Öl auf Leinwand, 54 x 81 cm
Museé Marmottan, Parijs

Tulip fields in Holland
Oil on canvas, 54 x 81 cm
Museé Marmottan, Paris

2 George Hitchcock (1850-1913)

Holland, Hyacintentuin
Olieverf op linnen, 43 x 55 cm
Bowdoin College Museum of Art, Main

Jardin de jacinthes en Hollande
Peinture à l'huile sur toile, 43 x 55 cm
Bowdoin College Museum of Art, Maine

Holland, Hyazinthengarten
Öl auf Leinwand, 43 x 55 cm
Bowdoin College Museum of Art, Main

Holland, Hyacinth Garden
Oil on canvas, 43 x 55 cm
Bowdoin College Museum of Art, Main

3 Joseph Raphael (1872-1950)
Tulpenveld, Holland, 1931
Olieverf op linnen, 73,5 x 73,5 cm
Stanford University Museum of Art,
Stanford

Champ de tulipes en Hollande, 1931
Peinture à l'huile sur toile,
73,5 x 73,5 cm
Stanford University Museum of Art,
Stanford

Tulpenfeld, Holland, 1931
Öl auf Leinwand, 73,5 x 73,5 cm
Stanford University Museum of Art,
Stanford

Tulip field, Holland, 1931
Oil on canvas, 73,5 x 73,5 cm
Stanford University Museum of Art,
Stanford

4 Daniël Noteboom
In volle bloei
Olieverf op linnen
Kunsthandel 't Grachthuisje, Lisse

En pleine floraison
Peinture à l'huile sur toile
Kunsthandel 't Grachthuisje, Lisse

In Vollblüte
Öl auf Leinwand
Kunsthandel 't Grachthuisje, Lisse

In full bloom
Oil on canvas
Art Shop 't Grachthuisje, Lisse

5 Jean-Léon Gérome
De strijd tegen de tulp
Olieverf op linnen
Walters Art Gallery, Baltimore

Le Duel à la tulipe
Peinture à l'huile sur toile
Walters Art Gallery, Baltimore

Das Tulpenduell
Öl auf Leinwand
Walters Art Gallery, Baltimore

The tulip duel
Oil on canvas
Walters Art Gallery, Baltimore

6 Bernardus P. Viegers (1886-1947)
Bollenveld
Olieverf op linnen, 41 x 60 cm
Ex-collectie kunsthandel Polak,
Den Haag

Champ de fleurs
Peinture à l'huile sur toile, 41 x 60 cm
Ancienne collection kunsthandel Polak,
La Haye

Feld mit Blumenzwiebeln
Öl auf Leinwand, 41 x 60 cm
Ehemalige Sammlung Kunsthandel
Polak, Den Haag

Bulb field
Oil on canvas, 41 x 60 cm
Ex-collection art shop Polak,
The Hague

7 George Hitchcock (1850-1913)
Bloemenmeisje in Holland, 1887
Olieverf op linnen, 79 x 147 cm
The Art Institute of Chicago,
Potter Palmer Collection

Jeune Fille aux fleurs en Hollande,
1887
Peinture à l'huile sur toile, 79 x 147 cm
The Art Institue of Chicago,
Potter Palmer Collection

Blumenmädchen in Holland, 1887
Öl auf Leinwand, 79 x 147 cm
The Art Institute of Chicago,
Potter Palmer Collection

Flower girl in Holland, 1887
Oil on canvas, 79 x 147 cm
The Art Institute of Chicago,
Potter Palmer Collection

8 Anton L. Koster (1859-1931)
Pastel, 29 x 43,5 cm
Particulier bezit

Pastel, 29 x 43,5 cm
Collection privée

Pastell, 29 x 43,5 cm
Privatsammlung

Pastel, 29 x 43,5 cm
Private collection

9 Vincent van Gogh (1853-1890)
Bloembedden in Holland
Olieverf op linnen, 48 x 66 cm
National Gallery of Art, Washington
Collectie Mr. and Mrs. Paul Mellon

Parcelles de fleurs en Hollande
Peinture à l'huile sur toile, 48 x 66 cm
National Gallery of Art, Washington
Collection of Mr and Mrs Paul Mellon

Blumenbeete in Holland
Öl auf Leinwand, 48 x 66 cm
National Gallery of Art, Washington
Sammlung Mr. and Mrs. Paul Mellon

Flowerbeds in Holland
Oil on canvas, 48 x 66 cm
National Gallery of Art, Washington
Collection Mr. and Mrs. Paul Mellon

10 Onbekende meester
Stilleven met bolbloemen
Olieverf op paneel, 57,5 x 40,5 cm
Museum Flehite, Amersfoort

Nature morte aux fleurs à bulbe
Peinture à l'huile sur panneau, 57,5 x 40,5 cm
Museum Flehite, Amersfoort

Stilleben mit Zwiebelblumen
Öl, Tafelgemälde, 57,5 x 40,5 cm
Museum Flehite, Amersfoort

Still life with bulb flowers
Oil on panel, 57,5 x 40,5 cm
Museum Flehite, Amersfoort

11 Gerrit W. Dijsselhof (1866-1924)
Tulpenvelden
Olieverf op linnen
DKV, Den Haag, in bruikleen
Nederlandse ambassade Lima

Champs de tulipes
Peinture à l'huile sur toile
DKV, La Haye, à titre de prêt
Nederlandse ambassade Lima

Tulpenfelder
Öl auf Leinwand
DKV, Den Haag, Leihgabe
Niederländische Botschaft Lima

Tulip fields
Oil on canvas
DKV, The Hague, on loan
Dutch embassy Lima

12 Anton L. Koster (1859-1931)

Tulpenvelden
Olieverf op linnen
Particulier bezit

Champs de tulipes
Peinture à l'huile sur toile
Collection privée

Tulpenfelder
Öl auf Leinwand
Privatsammlung

Tulip fields
Oil on canvas
Private collection

13 Johan Jeuken (1909-1982)
De bollenbus
Olieverf op linnen
Particulier bezit

L'Omnibus des champs de fleurs
Peinture à l'huile sur toile
Collection privée

Reisebus zwischen Blumenfeldern
Öl auf Leinwand
Privatsammlung

The bulb bus
Oil on canvas
Private collection

14 Adriaan C. van Noort (1914)
Olieverf op paneel, 30 x 40 cm
Particulier bezit

Peinture à l'huile sur panneau,
30 x 40 cm
Collection privée

Öl, Tafelgemälde,
30 x 40 cm
Privatsammlung

Oil on panel,
30 x 40 cm
Private collection

15 Floris Verster (1861-1927)
Lichtlila tulpen in een glazen kan
Olieverf op linnen, 34 x 24 cm
Stedelijk Museum De Lakenhal, Leiden

Tulipes mauves dans un vase de verre
Peinture à l'huile sur toile, 34 x 24 cm
Stedelijk Museum De Lakenhal, Leyde

Hellila Tulpen in einer Glaskanne
Öl auf Leinwand, 34 x 24 cm
Stedelijk Museum De Lakenhal, Leiden

Light lilac tulips in a glass jug
Oil on canvas, 34 x 24 cm
Stedelijk Museum De Lakenhal, Leiden

16 Pieter Korsuize (1907-1961)

Olieverf op linnen

Peinture à l'huile sur toile

Öl auf Leinwand

Oil on canvas

Particulier bezit

Collection privée

Privatsammlung

Private collection

17 Jan Toorop (1858-1938)
Bloembollenvelden bij Oegstgeest
Olieverf op linnen, 64,5 x 76,5 cm
Gemeentemuseum, Den Haag

Champs de fleurs près de Oegstgeest
Peinture à l'huile sur toile,
64,5 x 76,5 cm
Gemeentemuseum, La Haye

Felder mit Blumenzwiebeln bei Oegst-geest
Öl auf Leinwand, 64,5 x 76,5 cm
Gemeentemuseum, Den Haag

Bulb fields near Oegstgeest
Oil on canvas,
64,5 x 76,5 cm
Gemeentemuseum, The Hague

18 Willem A. Wassenaar
Bollenvelden bij Katwijk
Aquarel
Particulier bezit

Champs de fleurs près de Katwijk
Aquarelle
Collection privée

Felder mit Blumenzwiebeln bei Katwijk
Aquarell
Privatsammlung

Bulb fields near Katwijk
Water colour
Private collection

19 Anton L. Koster (1859-1931)
Arbeiders in het veld
Ex-collectie kunsthandel Polak,
Den Haag

Ouvriers au champ
Ancienne collection kunsthandel Polak,
La Haye

Arbeiter auf dem Feld
Ehemalige Sammlung Kunsthandel
Polak, Den Haag

Workers on the field
Ex-collection art shop Polak
The Hague

20 Cees van der Berg (1935)
Bloembollenvelden
Olieverf op linnen op paneel
40 x 61 cm
Particulier bezit

Champs de fleurs
Peinture à l'huile sur toile sur panneau
40 x 61 cm
Collection privée

Felder mit Blumenzwiebeln
Öl auf Leinwand auf Tafel
40 x 61 cm
Privatsammlung

Bulb fields
Oil on canvas on panel
40 x 61 cm
Private collection

21 Jan S. Knikker jr.
Olieverf op paneel, 22 x 16 cm
Particulier bezit

Peinture à l'huile sur panneau,
22 x 16 cm
Collection privée

Öl, Tafelgemälde,
22 x 16 cm
Privatsammlung

Oil on panel,
22 x 16 cm
Private collection

22 Anton L. Koster (1859-1931)
Pastel, 29 x 43,5 cm
Particulier bezit

Pastel,
29 x 43,5 cm
Collection privée

Pastell,
29 x 43,5 cm
Privatsammlung

Pastel,
29 x 43,5 cm
Private collection

23 Anton L. Koster (1859-1931)
Aquarel
Particulier bezit

Aquarelle
Collection privée.

Aquarell
Privatsammlung

Water colour
Private collection

24 Wendelien Schönfeld (1950)
Intercity III
Houtsnede, 25 x 30 cm
Galerie de Witte Voet, Amsterdam

Intercity III
Gravure sur bois, 25 x 30 cm
Galerie de Witte Voet, Amsterdam

Intercity III
Holzschnitt, 25 x 30 cm
Galerie de Witte Voet, Amsterdam

Intercity III
Woodcut, 25 x 30 cm
Gallery de Witte Voet, Amsterdam

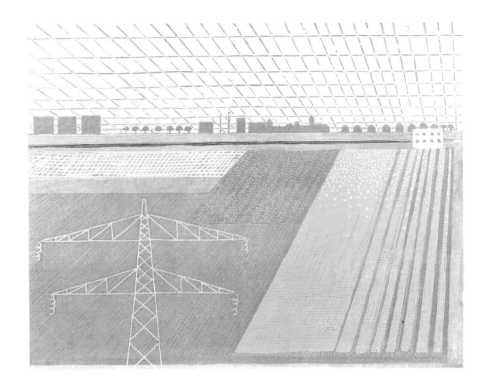

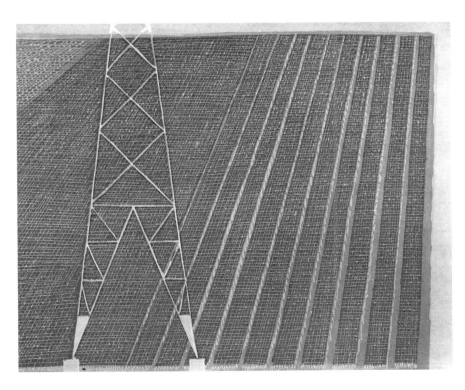

25 Wendelien Schönfeld (1950)
Vierluik bollenstreek
Houtsnede,
4 x (48 x 58 cm)
Galerie de Witte Voet, Amsterdam

Quatre volets sur la région des champs de fleurs
Gravure sur bois,
4 x (48 x 58 cm)
Galerie de Witte Voet, Amsterdam

Vier miteinander verbundene Tafelgemälde
der "Bollenstreek".
Holzschnitt, 4 x (48 x 58 cm)
Galerie de Witte Voet, Amsterdam

Four panels of the Bollenstreek
Woodcut,
4 x (48 x 58 cm)
Gallery de Witte Voet, Amsterdam

26 Anton L. Koster (1859-1931)

Olieverf op linnen	Peinture à l'huile sur toile	Öl auf Leinwand	Oil on canvas
Particulier bezit	Collection privée	Privatsammlung	Private collection

27 Hendrik Koster
Bollenvelden langs de duinen
Olieverf op linnen
Kunsthandel 't Grachthuisje, Lisse

Champs de fleurs le long des dunes
Peinture à l'huile sur toile
Kunsthandel 't Grachtenhuisje, Lisse

Felder mit Blumenzwiebeln vor den Dünen
Öl auf Leinwand
Kunsthandel 't Grachthuisje, Lisse

Bulb fields along the dunes
Oil on canvas
Art shop 't Grachthuisje, Lisse

28 Pieter Korsuize (1907-1961)
Olieverf op linnen, 30 x 60 cm
Particulier bezit

Peinture à l'huile sur toile, 30 x 60 cm
Collection privée

Öl auf Leinwand, 30 x 60 cm
Privatsammlung

Oil on canvas, 30 x 60 cm
Private collection

29 Ferdinand Hart Nibbrig
(1866-1915)
Bollenveld
Olieverf op linnen op paneel,
51 x 71,5 cm
Singermuseum, Laren

Champ de fleurs
Peinture à l'huile sur toile sur panneau,
51 x 71,5 cm
Singermuseum, Laren

Feld mit Blumenzwiebeln
Öl auf Leinwand auf Tafel,
51 x 71,5 cm
Singermuseum, Laren

Bulb field
Oil on canvas on panel,
51 x 71,5 cm
Singermuseum, Laren

30 Adriaan C. van Noort (1914)
Olieverf op paneel, 30 x 40 cm
Particulier bezit

Peinture à l'huile sur panneau,
30 x 40 cm
Collection privée

Öl, Tafelgemälde,
30 x 40 cm
Privatsammlung

Oil on panel,
30 x 40 cm
Private collection

31 Arend Jan van Driesten
(1878-1969)
Bollenveld
Olieverf op paneel, 31 x 47 cm
Stedelijk Museum De Lakenhal, Leiden

Champ de fleurs
Peinture à l'huile sur panneau,
31 x 47 cm
Stedelijk Museum De Lakenhal, Leyde

Feld mit Blumenzwiebeln
Öl, Tafelgemälde,
31 x 47 cm
Stedelijk Museum De Lakenhal, Leiden

Bulb field
Oil on panel,
31 x 47 cm
Stedelijk Museum De Lakenhal, Leiden

32 Arnoud van Gilst (1898-1981)
Bollenvelden
Olieverf op linnen, 50 x 70 cm
Particulier bezit

Champs de fleurs
Peinture à l'huile sur toile,
50 x 70 cm
Collection privée

Felder mit Blumenzwiebeln
Öl auf Leinwand,
50 x 70 cm
Privatsammlung

Bulb fields
Oil on canvas,
50 x 70 cm
Private collection

33 Gari Melchers
Aquarel, 36 x 25 cm
A.J. Phelan, Maryland

Aquarelle, 36 x 25 cm
A.J. Phelan, Maryland

Aquarell, 36 x 25 cm
A.J. Phelan, Maryland

Water colour, 36 x 25 cm
A.J. Phelan, Maryland

34 Anton L. Koster (1859-1931)
In volle bloei
Olieverf op linnen
Particulier bezit

En pleine floraison
Peinture à l'huile sur toile
Collection privée

In Vollblüte
Öl auf Leinwand
Privatsammlung

In full bloom
Oil on canvas
Private collection

**35 Ferdinand Hart Nibbrig
(1866-1915)**
Bloembollenvelden
Olieverf op linnen op paneel, 40 x 60 cm
Stedelijk Museum, Amsterdam

Champs de fleurs
Peinture à l'huile sur panneau,
40 x 60 cm
Stedelijk Museum, Amsterdam

Felder mit Blumenzwiebeln
Öl auf Leinwand auf Tafel,
40 x 60 cm
Stedelijk Museum, Amsterdam

Bulb fields
Oil on canvas on panel,
40 x 60 cm
Stedelijk Museum, Amsterdam

36 Anton L. Koster (1859-1931)
Olieverf op linnen
Particulier bezit

Peinture à l'huile sur toile
Collection privée

Öl auf Leinwand
Privatsammlung

Oil on canvas
Private collection

37a Marjolijn Juray (1945)
Tulpen in landschap
Tempera, 13 x 23 cm
Particulier bezit

37b Marjolijn Juray (1945)
Tulpen in landschap
Tempera, 12 x 14 cm
Particulier bezit

37 c
Marjolijn Juray (1945)
Tulpen in landschap
Tempera, 31 x 37 cm
Particulier bezit

Tulipes dans un paysage
Détrempe, 13 x 23 cm
Collection privée

Tulipes dans un paysage
Détrempe, 12 x 14 cm
Collection privée

Tulipes dans un paysage
Détrempe, 31 x 37 cm
Collection privée

Tulpen in Landschaft
Tempera, 13 x 23 cm
Privatsammlung

Tulpen in Landschaft
Tempera, 12 x 14 cm
Privatsammlung

Tulpen in Landschaft
Tempera, 31 x 37 cm
Privatsammlung

Tulips in landscape]
Distemper, 13 x 23 cm
Private collection

Tulips in landscape
Distemper, 12 x 14 cm
Private collection

Tulips in landscape
Distemper, 31 x 37 cm
Private collection

38 Anton L. Koster (1859-1931)
Schuit met hyacintbloemen
Olieverf op linnen, 29 x 40 cm
Particulier bezit

Barge aux jacinthes
Peinture à l'huile sur toile, 29 x 40 cm
Collection privée

Schiff mit Hyazinthenblüten
Öl auf Leinwand, 29 x 40 cm
Privatsammlung

Boat with hyacinths
Oil on canvas, 29 x 40 cm
Private collection

39 Arnoud van Gilst (1898-1981)
Olieverf op linnen, 50 x 70 cm
Particulier bezit

Peinture à l'huile sur toile,
50 x 70 cm
Collection privée

Öl auf Leinwand,
50 x 70 cm
Privatsammlung

Oil on canvas,
50 x 70 cm
Private collection

40 Anton L. Koster (1859-1931)
Tulpenvelden met bloeiende meidoorn
Pastel, 45 x 35 cm
Particulier bezit

Champs de tulipes et aubépine en fleurs
Pastel, 45 x 35 cm
Collection privée

Tulpenfelder mit blühendem Hagedorn
Pastell, 45 x 35 cm
Privatsammlung

Tulip fields with blooming hawthorn
Pastel, 45 x 35 cm
Private collection

41 J. Pasman
Olieverf op linnen
Kunsthandel 't Grachthuisje, Lisse

Peinture à l'huile sur toile
Kunsthandel 't Grachtenhuisje, Lisse

Öl auf Leinwand
Kunsthandel 't Grachthuisje, Lisse

Oil on canvas
Art shop 't Grachthuisje, Lisse

42 Anton L. Koster (1859-1931)
Bloemen op vuilnishoop
Olieverf op linnen, 50 x 70 cm
Particulier bezit

Fleurs sur une décharge
Peinture à l'huile sur toile, 50 x 70 cm
Collection privée

Blumen auf Müllhaufen
Öl auf Leinwand, 50 x 70 cm
Privarsammlung

Flowers on a garbage heap
Oil on canvas, 50 x 70 cm
Private collection

43 George Hitchcock (1850-1913)
In Brabant
Olieverf op linnen
Los Angeles County Museum of Art,
Los Angeles

Dans le Brabant
Peinture à l'huile sur toile
Los Angeles County Museum of Art,
Los Angeles

In Brabant
Öl auf Leinwand
Los Angeles County Museum of Art,
Los Angeles

In Brabant
Oil on canvas
Los Angeles County Museum of Art,
Los Angeles

44a Domien van Baalen (1952)
Aquarel, 50 x 60 cm
Particulier bezit

44b Domien van Baalen (1952)
Aquarel, 50 x 60 cm
Particulier bezit

Aquarelle, 50 x 60 cm
Collection privée

Aquarell, 50 x 60 cm
Privatsammlung

Water colour, 50 x 60 cm
Private collection

45 Anton L. Koster (1859-1931)
Rijnsburg
Olieverf op linnen
Teylermuseum, Haarlem

Rijnsburg
Peinture à l'huile sur toile
Teylermuseum, Haarlem

Rijnsburg
Öl auf Leinwand
Teylermuseum, Haarlem

Rijnsburg
Oil on canvas
Teylermuseum, Haarlem

46 Pieter Korsuize (1907-1961)

Olieverf op linnen
Particulier bezit

Peinture à l'huile sur toile
Collection privée

Öl auf Leinwand
Privatsammlung

Oil on canvas
Private collection

47 Frank S. Hermann (1866-1942)
Olieverf op linnen, 49 x 142 cm
A.J. Phelan, Maryland

Peinture à l'huile sur toile, 49 x 142 cm
A.J. Phelan, Maryland

Öl auf Leinwand, 49 x 142 cm
A.J. Phelan, Maryland

Oil on canvas, 49 x 142 cm
A.J. Phelan, Maryland

48 Adriaan C. van Noort (1914)
Olieverf op paneel, 30 x 40 cm
Particulier bezit

Peinture à l'huile sur panneau,
30 x 40 cm
Collection privée

Öl, Tafelgemälde,
30 x 40 cm
Privatsammlung

Oil on panel,
30 x 40 cm
Private collection

49 Ferdinand Hart Nibbrig
(1866-1915)
Bollenarbeider
Olieverf op linnen
Particulier bezit

Ouvrier bulbiculteur
Peinture à l'huile sur toile
Collection privée.

Arbeiter auf den Feldern mit Blumen-
zwiebeln
Öl auf Leinwand
Privatsammlung

Bulb worker
Oil on canvas
Private collection

50 Bernardus P. Viegers (1886-1947)

Bollenvelden in bloei
Olieverf op linnen
Particulier bezit

Champs en fleurs
Peinture à l'huile sur toile
Collection privée

Felder mit blühenden Blumenzwiebeln
Öl auf Leinwand
Privatsammlung

Bulb fields in bloom
Oil on canvas
Private collection

51 George Hitchcock (1850-1931)
Tulpenverkoopster
Olieverf op linnen, 84 x 61 cm
Jordan Volpe Gallery, New York

Marchande de tulipes
Peinture à l'huile sur toile,
84 x 61 cm
Jordan Volpe Gallery, New York

Tulpenverkäuferin
Öl auf Leinwand,
84 x 61 cm
Jordan Volpe Gallery, New York

Tulip seller
Oil on canvas,
84 x 61 cm
Jordan Volpe Gallery, New York

52 Claude Monet (1840-1926)
Tulpenvelden in Sassenheim bij Leiden
Olieverf op linnen,
59,7 x 73,2 cm
Stirling and Francine Clark Art
Institute, Massachusetts

*Champs de tulipes à Sassenheim près
de Leyde*
Peinture à l'huile sur toile,
59,7 x 73,2 cm
Stirling and Francine Clark Art
Institute, Massachussetts

Tulpenfelder in Sassenheim bei Leiden
Öl auf Leinwand,
59,7 x 73,2 cm
Stirling and Francine Clark Art
Institute, Massachusetts

Tulip fields at Sassenheim near Leiden
Oil on canvas,
59,7 x 73,2 cm
Stirling and Francine Clark Art
Institute, Massachusetts

53 Claude Monet (1840-1926)
Bollenvelden en molens bij Rijnsburg
Olieverf op linnen, 65 x 81 cm
Rijksdienst Beeldende Kunst,
Den Haag

*Champs de fleurs et moulins près de
Rijnsburg*
Peinture à l'huile sur toile, 65 x 81 cm
Rijksdienst Beeldende Kunst,
La Haye

*Felder mit Blumenzwiebeln und Mühlen
bei Rijnsburg*
Öl auf Leinwand, 65 x 81 cm
Rijksdienst Beeldende Kunst,
Den Haag

*Bulb fields and windmills near
Rijnsburg*
Oil on canvas, 65 x 81 cm
Rijksdienst Beeldende Kunst,
The Hague

Fotoverantwoording:

De hiervoor afgebeelde foto's zijn ver-
strekt door de musea, archieven en
andere eigenaars van de afgebeelde werken.
De auteurs zijn speciale dank verschul-
digd aan Mary Anne Goley, Director
Fine Arts Program of the Federal
Reserve Board in Washington, die een
aandeel leverde in het onderzoek naar
Amerikaanse kunstenaars die de Bollenstreek schilderden.